INVENTAIRE

DES BIENS DES

ÉTABLISSEMENTS DU CULTE

D'APRÈS LA LOI DU 9 DÉCEMBRE 1905

ET LE

RÈGLEMENT D'ADMINISTRATION PUBLIQUE DU 29 DÉCEMBRE 1905

Extrait du « Régime des Cultes »

GUIDE PRATIQUE

PAR

MARC RÉVILLE
Avocat à la Cour d'appel de Paris
Député

LÉONCE ARMBRUSTER
Avocat à la Cour d'appel de Paris
Lauréat de la Faculté de droit

BERGER-LEVRAULT & Cie, ÉDITEURS

PARIS	NANCY
5, RUE DES BEAUX-ARTS, 5	18, RUE DES GLACIS, 18

1906

Prix : 25 cent.

Pour paraître prochainement

LE
RÉGIME DES CULTES

D'APRÈS LA LOI DU 9 DÉCEMBRE 1905

ET LES

RÉGLEMENTS D'ADMINISTRATION PUBLIQUE QUI LA COMPLÈTENT

GUIDE PRATIQUE

PAR

MARC RÉVILLE

Avocat à la Cour d'appel de Paris
Député

LÉONCE ARMBRUSTER

Avocat à la Cour d'appel de Paris
Lauréat de la Faculté de droit

BERGER-LEVRAULT & Cie, EDITEURS

PARIS | NANCY
5, RUE DES BEAUX-ARTS, 5 | 18, RUE DES GLACIS, 18

1906

ATTRIBUTION DES BIENS
DES ÉTABLISSEMENTS PUBLICS DU CULTE

___

De l'inventaire

ARTICLE 3, § 2, DE LA LOI DU 9 DÉCEMBRE 1905
DÉCRET DU 29 DÉCEMBRE 1905

135. *Caractère de l'inventaire*. — Suivant la loi du 9 décembre 1905 (art. 3), les agents de l'administration des domaines devront, dès la promulgation de la loi, procéder à l'inventaire descriptif et estimatif des biens des établissements publics supprimés. Cet inventaire est un acte administratif qui n'est point soumis aux règles des articles 941 à 944 du Code de procédure civile. Il est dressé par les agents administratifs et non par des notaires.

Il est une mesure purement conservatoire. Il est contradictoire et est établi tous droits et moyens des parties réservés. Les intéressés ont la faculté de faire au cours des opérations toutes les observations qu'ils jugeront utiles.

Les opérations de l'inventaire sont régies par le règlement d'administration publique du 29 décembre 1905.

136. *Fonctionnaires chargés de l'inventaire*. — L'inventaire sera dressé par les agents des domaines spécialement désignés à cet effet, ou par des agents auxiliaires spécialement commissionnés et choisis exclusivement parmi les fonctionnaires appartenant aux services de l'administration des finances déterminés par arrêté ministériel.

Ce seront en général les inspecteurs, sous-inspecteurs, receveurs et receveurs intérimaires.

137. *Convocation*. — Les préfets adresseront aux directeurs des domaines la liste de tous les établissements publics du culte du département en indiquant, pour chacun des établissements, les édifices servant à l'exercice public du culte, notamment pour les fabriques paroissiales ou succursales, la situation des chapelles dites *de secours* qui en dépendent et, pour les consistoires israélites, la situation des synagogues ou communautés qui s'y rattachent.

Date. — La date des opérations sera fixée d'accord entre le préfet et le directeur des domaines. Ils devront éviter qu'un inventaire ne soit dressé dans une localité un jour de fête patronale ou religieuse, ou pendant les heures des offices religieux.

Avis de convocation. — Cinq jours au moins avant l'ouverture des opérations, des avis de convocation seront, par les soins du préfet, notifiés en la forme administrative aux représentants légaux des établissements du culte, ainsi qu'au maire de la commune où ils ont leur siège. Cette notification sera faite avec les formalités suivantes :

1º Remise aux représentants légaux de l'avis de convocation signé du directeur des domaines et aux termes duquel celui-ci, après avoir mentionné le jour et l'heure d'ouverture des opérations, invite les représentants de l'établissement à y assister ou à se faire représenter. Cette remise est faite par un agent administratif, maire, commissaire de police, garde champêtre ;

2º Confection d'un procès-verbal de notification dressé en original et en copie, cette copie étant laissée entre les mains de la personne à laquelle la notification est faite ;

3º Délivrance par la personne à qui la notification est faite d'un récépissé au bas du procès-verbal, et à défaut mention du refus de signer.

La notification peut être valablement faite :

1° A personne ;

2° A domicile ;

3° Au siège des établissements ou en leurs bureaux.

Elle n'est nécessaire que pour la première séance de l'inventaire. Si les opérations en nécessitent plusieurs, l'agent des domaines fixera lui-même le jour et l'heure et en préviendra les comparants.

Les personnes à convoquer individuellement ne seront pas désignées par leurs noms mais par leur seule qualité.

Il y aura lieu d'adresser :

1° Pour les fabriques des églises et chapelles paroissiales, un premier avis au curé ou desservant, un second au bureau des marguilliers en la personne de son président ;

2° Pour les menses curiales ou succursales, deux avis semblables et distincts des deux précédents ;

3° Pour les fabriques des églises métropolitaines ou cathédrales, un avis à l'évêque, ou, en cas de vacance, un avis collectif aux vicaires capitulaires ou, à défaut de ceux-ci, un avis au doyen du chapitre ;

4° Pour les menses archiépiscopales ou épiscopales, un avis à l'archevêque ou évêque et, en cas de vacance, au commissaire administrateur ;

5° Pour les chapitres métropolitains ou cathédraux, un avis au chapitre en la personne du doyen ;

6° Pour les séminaires, un avis au bureau d'administration en la personne de son président. Les petits séminaires ayant la même administration, il faudra envoyer autant d'avis et faire autant d'inventaires qu'il y aura d'établissements ;

7° Pour les maisons et caisses diocésaines, de retraite ou de secours pour les prêtres âgés ou infirmes, un avis au conseil d'administration en la personne de son président ;

8° Pour les établissements des cultes protestants et israélites, un avis en la personne du président.

138. *Confection de l'inventaire*. — *Documents*. —
Pour la confection de l'inventaire, l'agent devra s'entourer
de tous les renseignements et de tous les documents nécessaires. Il aura donc en sa possession :

1° L'extrait, pour l'établissement à inventorier, des objets classés qui y sont contenus ;

2° Un relevé établi par le service des contributions di-
rectes, conformément à une circulaire du 20 décembre
1905, et comprenant l'indication de tous les immeubles
détenus par les établissements ecclésiastiques et assujettis
à l'impôt foncier et à la taxe de mainmorte ;

3° Les états des propriétés foncières, rentes et créances
mobilières comprises dans l'actif de la fabrique et qui
doivent, en conformité de l'instruction ministérielle du
15 décembre 1893, être joints au compte annuel fourni par
elle au conseil de préfecture ;

4° Les inventaires mobiliers dressés par les fabriques
en exécution de l'article 55 du décret du 30 décembre
1809, dont un dernier récolement a été fait en 1905 ;

5° Généralement tous les documents qui pourront lui
être utiles, notamment les extraits du sommier des biens
affectés.

Personnes présentes. — Les maires des communes intéressées assisteront à l'inventaire avec les personnes qui auront reçu l'avis de convocation. Le maire est convoqué en
tant qu'autorité chargée de l'exécution des lois et de la
police municipale. Mais rien n'empêche qu'au cours des
opérations il fasse, en qualité d'intéressé et conformément
à l'article 5 du décret, consigner ses observations concernant les propriétés mobilières et immobilières de la commune ; pourtant il ne peut assister aux opérations à la fois
en qualité de maire et de représentant d'un établissement
du culte.

Dans le cas où plusieurs représentants d'un même établissement auront été convoqués, il suffira de la présence
de l'un d'eux.

Le maire pourra se faire représenter à l'inventaire dans les conditions prévues par l'article 84 de la loi du 5 avril 1884.

Indépendamment de la faculté qu'ont les membres des conseils administratifs des établissements publics régulièrement convoqués, d'assister à titre individuel aux opérations de l'inventaire, ces conseils peuvent s'y faire représenter par un ou plusieurs délégués pris parmi leurs membres. La délégation n'a pas besoin d'être spéciale.

Les membres qui d'habitude ont qualité pour agir au nom des conseils administratifs (présidents, administrateurs, trésoriers) doivent, lorsqu'ils assistent à l'inventaire, être considérés comme y assistant en vertu d'une délégation de leurs collègues.

En outre, les bureaux des marguilliers peuvent se faire représenter par un ou plusieurs des autres membres du conseil de fabrique, et les consistoires israélites par le commissaire administrateur ou par un ou plusieurs membres des commissions administratives, prévues par l'article 21 de l'ordonnance du 25 mai 1844.

Tout membre d'un conseil a le droit d'assister aux opérations de l'inventaire et d'y faire toutes les observations qu'il désirera.

Les archevêques et évêques peuvent se faire représenter par un membre du chapitre, les curés et desservants par un membre du conseil de fabrique.

On ne peut admettre aux opérations de l'inventaire d'autres personnes que celles ci-dessus désignées. Toutefois, la présence d'auxiliaires accompagnant les représentants de l'établissement, bedeaux, sacristains, etc., ne nous paraît pas interdite.

Opérations. — L'agent invitera les représentants des établissements à l'accompagner dans les immeubles, à lui faire la représentation de tous les meubles et objets mobiliers, la déclaration de tous les droits actifs ou passifs afférents à l'établissement et la communication de tous les titres et documents en leur possession.

Tous les édifices servant à l'exercice du culte ou dépendant de l'établissement devront être ouverts, ainsi que toutes les caisses et armoires contenant des papiers ou documents de toute nature et notamment celles prévues par les articles 5o, 5r et 54 du décret du 3o décembre 1809 relatifs aux fabriques et par les articles 2, 3, 32, 54, 55 et 65 du décret du 6 novembre 1813, relatif aux biens des menses curiales et épiscopales des chapitres et des séminaires.

Chaque fabrique doit avoir une armoire à trois clefs où se trouvent tous les deniers appartenant à la fabrique ainsi que les clefs des troncs des églises, les titres de propriété, les papiers et documents concernant les revenus de l'établissement, les comptes et registres, le sommier des titres et les inventaires ou récolements.

Les agents devront demander l'ouverture de l'armoire. Ils examineront les inventaires relatifs aux titres, papiers et renseignements concernant la fabrique, et au mobilier de l'église ; le registre sommier où sont transcrits par ordre de date les actes de fondation, les titres de propriété, les baux à ferme ou loyer ; les pièces constatant les dépôts de fonds effectués soit en compte courant au Trésor public, soit dans les caisses d'épargne ou autres.

Ils demanderont aux prêtres des déclarations sur la nature et la valeur des objets contenus dans les tabernacles.

139. *Absence des représentants*. — L'article 4 du règlement d'administration publique du 29 décembre dispose que, dans le cas où les représentants régulièrement convoqués ou les personnes qui peuvent être déléguées à leur place ne se présenteront pas aux jour et heure fixés, l'agent devra immédiatement requérir l'assistance de deux témoins et procéder en leur présence aux opérations d'inventaire dans tous les endroits où ils pourraient librement accéder. La signature des témoins remplacera, au bas de l'inventaire celle des représentants de l'établissement.

140. *Obstacles aux opérations de l'inventaire*. — Si, au début ou au cours d'un inventaire, l'agent rencontre un obstacle à l'accomplissement de sa mission, il le constate par un procès-verbal spécial relatant les circonstances qui se sont opposées à l'ouverture ou à la continuation des opérations.

Ex. : L'agent trouve fermées soit les portes extérieures ou intérieures d'un édifice religieux, soit celles des caisses ou armoires contenant les deniers, valeurs et titres d'un établissement ecclésiastique.

Le préfet devra être tenu au courant, et si une intervention officieuse de sa part n'est pas suffisante, il prendra un arrêté pour mettre les représentants légaux de l'établissement en demeure d'avoir, aux jour et heure qu'il fixera, à remettre les clefs à l'agent des domaines, faute de quoi il serait procédé à l'ouverture des portes avec le concours d'un officier de police judiciaire. Si les circonstances l'exigent, il appartiendra au préfet de prendre les réquisitions nécessaires.

L'arrêté préfectoral concernant la mise en demeure peut être déféré pour excès de pouvoir devant le Conseil d'Etat, qui peut prononcer le sursis à l'exécution, conformément à l'article 3 du décret du 22 juillet 1806.

La résistance aux opérations de l'inventaire peut prendre un caractère délictueux et tomber sous l'application du Code pénal (outrages et violences envers les agents chargés des opérations d'inventaires ou tous autres dépositaires de l'autorité publique [art. 222 et suiv.] ; voies de fait ou violences envers les agents de la police administrative ou judiciaire [art. 211 et suiv.]; infraction à la loi de 1848 sur les attroupements).

Revendication d'un bien. — Il se pourrait qu'au cours

*

de l'inventaire un meuble ou un immeuble soit revendiqué par un tiers. L'inventaire étant une mesure purement conservatoire, accomplie tous droits et moyens des parties réservés, il n'y a pas lieu d'y surseoir en cas de réclamation. Si le meuble ou l'immeuble inventorié semble être la propriété de l'établissement, il doit figurer sur l'inventaire; sauf à l'agent chargé de l'inventaire à relater les protestations et dires de l'intéressé, qui conserve le droit postérieurement à l'inventaire, de faire valoir ses moyens devant les tribunaux compétents.

141. *Rédaction de l'inventaire.* — L'inventaire sera fait sur papier libre, en simple minute. Il portera :

1° Les noms, qualités, demeures de l'agent qui y procède, des comparants, des défaillants, des témoins requis ;

2° L'indication du lieu ou des lieux où l'inventaire est fait ;

3° Les dires et protestations des intéressés ;

4° L'analyse des papiers et des archives ;

5° La description et l'estimation des biens ;

6° Les observations d'ordre général ;

7° L'indication expresse que l'inventaire et le classement qu'il comporte sont établis tous droits et moyens de l'État et des personnes réservés ;

8° La déclaration par les représentants de l'établissement, qu'à leur connaissance, il n'existe pas d'autres biens susceptibles d'être inventoriés, ou la mention du refus de cette déclaration ;

9° La déclaration des titres actifs ou passifs (créances et dettes ne faisant pas l'objet d'écrits trouvés au cours de l'inventaire, désignation des noms et demeures des créanciers et débiteurs, de la nature et de la valeur des créances et dettes) ;

10° Date, mention que la lecture a été faite, signature par l'agent du domaine, les comparants ou témoins, ou mention du refus de signature de ces derniers.

142. *Classement des biens*. — Il devra être fait en deux chapitres.

I. Le premier comprendra les biens de toute nature appartenant à l'établissement public.

Si ces biens proviennent de l'État, mention sera faite de leur origine, ainsi que des fondations pieuses qui les grèvent et de leur date.

> Ex. : « Biens et rentes restitués en vertu de l'arrêté du 7 thermidor an XI, biens et rentes célés au domaine. »

Si ces biens ont toute autre provenance (acquisitions à titre gratuit ou onéreux régulièrement effectuées), l'inventaire indiquera les affectations dont ils sont grevés.

II. Le deuxième chapitre comprendra les biens de toute nature appartenant à l'État, aux départements, aux communes, et dont l'établissement n'a que la jouissance.

> Ex. : Cathédrales, églises, chapelles, temples, synagogues, archevêchés, évêchés, presbytères, séminaires, avec leurs dépendances immobilières et les objets mobiliers qui les garnissaient au moment où ils ont été remis aux cultes en vertu de la loi du 18 germinal an X.

Carence. — A défaut de biens possédés ou occupés, il sera dressé un procès-verbal de carence.

Détournement d'objets à inventorier. — S'il est constaté que des objets à inventorier ont été détournés ou soustraits, il devra en être immédiatement référé à l'autorité judiciaire afin que celle-ci puisse exercer des poursuites contre les auteurs de ces soustractions ou détournements et procéder, s'il y a lieu, à des perquisitions pour retrouver les objets disparus.

S'il y a soustraction ou détournement des objets à inventorier, les coupables sont punissables des peines prévue par le Code pénal. Il y a lieu de considérer comme dépôts publics les archives des établissements publics dont l'article 16 § 5 a prescrit l'inventaire spécial. Les représentants des établissements ecclésiastiques qui commettraient les délits prévus par les articles 169, 175 et 254 du Code pénal, s'exposeraient à des poursuites.

143. Description. — La description des biens inventoriés devra être aussi complète que possible.

Immeubles. — Les immeubles seront désignés par leur nature, leur contenance, leur situation. L'origine de propriété sera indiquée.

On doit classer parmi les immeubles, les immeubles par destination. Il y a lieu de considérer ainsi : les autels fixes, les boiseries scellées dans les murs et faisant corps avec le monument, les stalles fixes, la chaire et les tribunes, les orgues élevées sur une maçonnerie, les tableaux et ornements encadrés dans la boiserie, les statues placées dans des niches et, d'une façon générale, tous les objets scellés. On ne saurait considérer comme immeuble par destination un tableau placé dans une église lorsqu'il n'est ni scellé au mur, ni encadré dans la boiserie, mais qu'il est suspendu à l'aide d'une simple corde aux parois de l'église et peut être déplacé sans détérioration (Lyon, 19 déc. 1873).

Les cloches des églises ne deviennent immeubles par destination que dans les cas énumérés dans l'article 525 du Code civil, c'est-à-dire, si elles sont scellées à plâtre, à chaux ou à ciment et ne peuvent être détachées sans détérioration de l'immeuble.

Elles conservent leur caractère mobilier lorsqu'elles sont installées dans le clocher, au moyen d'une charpente isolée et sans adhérence à la maçonnerie (Rouen, 23 avril 1866).

Les titres de propriété seront catalogués et analysés sommairement.

Meubles. — On considérera comme meubles les orgues mobiles, les candélabres, croix, vases sacrés, encensoirs, chaises. Il conviendra de décrire minutieusement les objets précieux avec leur mesure et leur poids.

Numéraire et valeurs. — Les billets de banque, effets,

mandats, valeurs de bourse existant en caisse seront aussi inventoriés. Il en sera de même des deniers et valeurs trouvés ailleurs, par exemple dans les troncs. Les opérations de vérification de caisse constitueront une simple constatation matérielle exclusive de toute vérification de compte.

Objets classés. — Les objets classés en exécution de la loi du 3o mars 1887 à raison de leur caractère historique ou artistique, seront indiqués avec mention de leur classement.

Si des objets classés ne sont pas représentés, l'agent chargé de l'inventaire doit en faire la constatation.

Archives ecclésiastiques et bibliothèques. — Les archives ecclésiastiques et bibliothèques existant dans les archevêchés, grands séminaires, paroisses, succursales et leurs dépendances, ne seront inventoriés que sommairement, un inventaire spécial et détaillé devant être ultérieurement établi (art. 16, § 5). L'agent chargé de l'inventaire pourra se faire accompagner par l'archiviste départemental qui lui signalera les manuscrits ou livres rares dont il y aura lieu de faire une mention individuelle.

Rentes. — Il conviendra de transcrire les mentions notées sur les titres de rentes de toute nature ou dans les actes de fondation, et pouvant fixer l'origine des deniers qui ont servi à leur acquisition ou à leur constitution.

Menses curiales ou épiscopales. — Dans les presbytères appartenant aux communes ou aux fabriques, les agents devront rechercher s'il se trouve des meubles appartenant à la mense curiale ou succursale.

Dans les archevêchés et évêchés qui sont la propriété de l'État et où la mense a seulement son siège, il n'y a pas lieu d'inventorier le mobilier fourni par l'État à l'archevêque ou à l'évêque et dont l'inventaire prescrit par l'ordonnance du 7 avril 1819 est soumis à un récolement annuel.

Mais on devra inventorier le mobilier appartenant à la mense.

144. *Estimation*. — Tous les biens inventoriés devront être estimés. Autant que possible l'estimation sera faite d'un commun accord avec les représentants de l'établissement ecclésiastique. En cas de désaccord, le chiffre fixé par l'agent du domaine prévaudra et le procès-verbal devra constater que cette estimation émane de lui. L'estimation ne sera effective que dans les cas où cela sera matériellement possible, dans les autres cas la mention *pour mémoire* sera suffisante.

Il ne pourra pas être fait appel à des experts salariés. Mais les agents des domaines pourront s'entourer de personnes ayant des connaissances techniques (archivistes départementaux, fonctionnaires ou particuliers ayant une compétence spéciale).

Les évaluations déjà portées sur les inventaires mobiliers dressés en exécution de l'article 56 du décret du 30 décembre 1809 pourront, si elles paraissent encore exactes, être reproduites avec indication d'origine.

Meubles classés. — L'estimation des objets classés est inutile.

Édifices du culte. — Le sol sur lequel ils sont bâtis sera seul évalué d'après le prix courant des terrains à bâtir dans le lieu de la situation de l'édifice.

145. *Supplément d'inventaire*. — Lorsque, après la clôture de l'inventaire et avant la dévolution des biens, il est découvert des valeurs mobilières ou immobilières qui n'y ont pas été portées, il est dressé un supplément d'inventaire dans les mêmes conditions et les mêmes formes que le premier. Si la découverte a lieu après la dévolution, le supplément d'inventaire nous paraît devoir être fait dans les mêmes formes, contradictoirement avec le détenteur des biens autrefois possédés par l'établissement supprimé.

146. *Dépôt de l'inventaire*. — L'inventaire sera déposé aux archives de la préfecture.

Une copie conforme en sera délivrée sans frais au représentant légal de l'établissement, dans le plus bref délai.

A quelque moment que ce soit, les intéressés auront toujours le droit d'en prendre connaissance sur place ou d'en obtenir une expédition dans les conditions du tarif ordinaire.

Sont considérés comme intéressés : les maires et conseillers municipaux des communes sièges de l'établissement public, les auteurs de donations faites aux établissements, leurs héritiers ou ayants droit, les créanciers, les héritiers et ayants droit des auteurs de legs, les présidents et membres des associations cultuelles, etc.

147. *Validité de l'inventaire.* — Les formalités édictées par le décret du 29 décembre 1905 ne sont pas toutes requises à peine de nullité. Il en est dont l'omission n'empêcherait pas l'inventaire d'être considéré comme valable. Il en est d'autres qui sont essentielles, comme l'incompétence de la personne qui aurait procédé aux opérations, ou l'absence de notification aux personnes intéressées.

148. *Force probante de l'inventaire.* — Les énonciations d'ordre matériel, faits relatés, description de meubles ou d'immeubles font foi jusqu'à preuve du contraire.

Les énonciations d'ordre juridique (énonciations relatives aux droits de propriété ou de jouissance des établissements, de l'État, des départements, des communes, des particuliers, etc.) constituent des présomptions de la nature de celles de l'article 1353 du Code civil, présomptions de plus ou moins d'importance qui sont « abandonnées aux lumières et à la prudence du magistrat ».

Les estimations n'ont qu'une valeur indicative.

ANNEXE

DÉCRET DU 29 DÉCEMBRE 1905

portant règlement d'administration publique en ce qui concerne l'inventaire prescrit par l'article 3 de la loi du 9 décembre 1905 sur la Séparation des Églises et de l'État.

ART. I

Le directeur général des domaines désigne les agents chargés dans chaque département de l'inventaire prescrit par l'article 3 de la loi du 9 décembre 1905.

S'il y a lieu, il commissionne des agents auxiliaires, lesquels sont choisis exclusivement parmi les fonctionnaires appartenant aux services de l'administration des finances déterminés par arrêté ministériel.

ART. 2

Le directeur des domaines du département, après s'être concerté avec le préfet, fixe les jour et heure de l'ouverture des opérations et il en avise, au moyen d'une notification faite par les soins du préfet, dans la forme administrative et cinq jours au moins à l'avance, savoir :

1º *Pour les fabriques des églises et chapelles paroissiales, et pour les menses curiales ou succursales,* le curé ou desservant et le bureau des marguilliers en la personne de son président ;

2º *Pour les fabriques des églises métropolitaines ou cathédrales,* l'archevêque ou l'évêque ou, en cas de vacance du siège, les vicaires capitulaires ou, à défaut de ceux-ci, le doyen du chapitre ;

3º *Pour les menses archiépiscopales ou épiscopales*, l'archevêque ou l'évêque ou, en cas de vacance du siège, le commissaire administrateur ;

4º *Pour les chapitres*, le chapitre en la personne du doyen ;

5º *Pour les séminaires*, le bureau d'administration en la personne de son président ;

6º *Pour les maisons et caisses diocésaines de retraite ou de secours pour les prêtres âgés ou infirmes*, le conseil d'administration en la personne de son président ;

7º *Pour les conseils presbytéraux et consistoires des Églises réformées, les conseils presbytéraux, consistoires et synodes particuliers de l'Église de la confession d'Augsbourg, les consistoires israélites*, le conseil, consistoire ou synode en la personne du président.

Avis des opérations est donné par le préfet aux maires, qui pourront y assister.

Art. 3

Indépendamment de la faculté qu'ont les membres des conseils administratifs ci-dessus désignés d'assister, à titre individuel, aux opérations de l'inventaire, ces conseils peuvent s'y faire représenter par un ou plusieurs délégués pris parmi leurs membres.

En outre, les bureaux des marguilliers peuvent se faire représenter par un ou plusieurs des autres membres du conseil de fabrique et les consistoires israélites par le commissaire administrateur ou par un ou plusieurs membres des commissions administratives, prévus par l'article 21 de l'ordonnance du 25 mai 1844.

Les archevêques et évêques peuvent se faire représenter par un membre du chapitre, les curés et desservants par un membre du conseil de fabrique.

Art. 4

Dans le cas où aucun des représentants d'un établissement ne se rend à la convocation, il est passé outre par l'agent des domaines, qui procède alors en présence de deux témoins.

Si l'agent rencontre un obstacle dans l'accomplissement de sa mission, il le constate et en réfère immédiatement, par l'intermédiaire du directeur, au préfet qui prescrit les mesures nécessaires.

Art. 5

L'inventaire est établi, tous droits et moyens des parties réservés.

Il est rédigé en simple minute et sur papier non timbré.

Il contient notamment :

1º Les noms, qualités et demeures des comparants ;

2º L'indication des lieux où l'inventaire est fait ;

3º La description et l'estimation de tous les biens mobiliers et immobiliers inventoriés ;

4º L'indication des deniers et valeurs en caisse ;

5º La déclaration des titres actifs et passifs ;

6º La déclaration par les représentants de l'établissement, lors de la clôture des opérations, qu'à leur connaissance il n'existe pas d'autres biens susceptibles d'être portés à l'inventaire, ou la mention du refus de cette déclaration.

Les dires et protestations des intéressés, au cours des opérations, y sont consignés.

Art. 6

La partie descriptive et estimative de l'inventaire est divisée en deux chapitres :

Le premier comprend les biens de toute nature qui appartiennent à l'établissement. S'ils proviennent de l'État, mention est faite de cette origine ainsi que des fondations pieuses qui les grèvent et de la date de ces fondations. S'ils ont une autre provenance, l'inventaire indique les affectations de toute espèce dont ils peuvent être grevés.

Le second chapitre est relatif aux biens de toute nature appartenant à l'État, au département ou à la commune et dont l'établissement n'a que la jouissance.

Art. 7

Après lecture, l'inventaire est revêtu de la signature de l'agent des domaines et de celle des comparants ou des témoins. En cas de refus de signature, il en est fait mention.

Art. 8

Aussitôt après la clôture des opérations, l'inventaire est adressé, par l'intermédiaire du directeur, au préfet pour être déposé dans

les archives de la préfecture. Une copie conforme en est délivrée, sans frais, par les soins du préfet, au représentant légal de
l'établissement, sans préjudice du droit des intéressés d'en
prendre communication sur place et d'en obtenir une expédition
dans les conditions du tarif légal.

ART. 9

Au cas où, après la clôture de l'inventaire, des biens qui n'y
ont pas été portés viennent à être découverts, il est dressé un
supplément d'inventaire.

ART. 10

Les autres mesures propres à assurer l'application de la loi
du 9 décembre 1905, notamment en ce qui concerne l'attribution
des biens, seront déterminées par des règlements d'administration publique ultérieurs.

ART. 11

Le ministre de l'instruction publique, des beaux-arts, et des
cultes, le ministre des finances et le ministre de l'intérieur sont
chargés, chacun en ce qui le concerne, de l'exécution du pré-
sent décret, qui sera publié au *Journal officiel* et inséré au
Bulletin des lois.

Fait à Paris, le 29 décembre 1905.

Émile LOUBET

Par le Président de la République :

Le Ministre de l'instruction publique,
des beaux-arts et des cultes,
BIENVENU-MARTIN

Le Ministre des finances,
P. MERLOU

Le Ministre de l'intérieur,
F. DUBIEF